QUEL EST L'ASSASSIN

DU DUC DE BERRI.

IMPRIMERIE DE MADAME JEUNEHOMME-CRÉMIÈRE,
rue Hautefeuille, n° 20.

QUEL EST L'ASSASSIN

DU DUC DE BERRI.

Par A. A. SALVAIGE DE LACIPIÉRE.

Tros, rutulusve fuat, nullo discrimine habeto.
VIRG. Enéid.

PARIS,

CHEZ LES MARCHANDS DE NOUVEAUTÉS.

1820.

QUEL EST L'ASSASSIN

DU DUC DE BERRI?

———

Une nouvelle époque vient d'être ajoutée à la chronologie de notre histoire; un nouveau Ravaillac vient de trancher les jours d'un de nos jeunes princes, celui sur lequel reposaient toutes nos espérances. Et, ce monstre était un Français!.... que dis-je, un français? on a cessé de l'être, dès qu'on est devenu assassin.

L'infame Louvel a voulu accoler son nom à ceux des Damien, des J. Clement, des Ravaillac et autres *frères et amis* de cette trempe, en se souillant du sang de son prince. Il l'a voulu, sans doute; mais cette volonté n'a pu que lui être suggérée, si ce n'est verbalement, du moins par les écrits incendiaires, lancés des carrefour Bussy et rues Thibautodé et Tiquetonne. Ce farouche *jacobin* apprenait par cœur les phrases dégoutantes du bon M. E.....; les leçons révolutionnaires du docteur B.C.....; les monstrueux sophismes de l'égoïste J.., et les sanglantes diatribes du fourbe et de l'ingrat P.....

Qu'a répondu en effet ce nouveau régicide, aux premières questions qui lui ont été faites sur le motif de son crime? Je n'aime point les Bourbons. Vil esclave de la volonté d'un parti qui t'égara! quel motif, te demande-rai-je à mon tour, peux-tu avoir pour ne pas aimer les Bourbons? Est-ce parce qu'ils te logeaient chez eux? Est-ce parce qu'ils te donnaient du pain, des vêtemens, de l'argent? que te fallait-il de plus pour croire à leur bonté, lorsque tant d'honnêtes pères de famille mourant de faim ne cessent de la proclamer? Ils réchauffaient donc dans leur sein un serpent toujours prêt à les étouffer? Misérable, dont le nom ne sera plus prononcé qu'avec un sentiment d'horreur, tu n'as donc jamais cru en Dieu?

Les phrases entières du *Constitutionnel*, de la *Minerve*, et de la *Renommée*, citées par un ouvrier sellier, prouvent évidemment tout le danger qui doit résulter d'une licence *illi-mitée*. Fallait-il cette terrible catastrophe pour faire sentir tous les inconvéniens qui naîtraient de cette malheureuse loi que d'im-prudens ministres ont trop légèrement solli-citée des chambres lors de la dernière ses-sion? Ils l'ont obtenue! qu'en est-il résulté? Les uns n'ont cessé de faire une guerre déjà déclarée aux autels, aux châteaux, et enfin aux trônes. Les autres ont éveillé d'anciens et inutiles souvenirs, échauffé de nouvelles haines, et ranimé de vaines et futiles espé-rances. La rage et le remords d'un côté, de l'autre le fanatisme, l'ambition et l'orgueil frère de la sottise, semblent s'être donné le mot pour combattre la vertu pacifique.

L'homme vertueux et tranquille qui ne cherche que le repos, qui ne respire que la paix et ne veut que la modération, est au-jourd'hui montré à l'index. Depuis que la *Mi-nerve* et le *Constitutionel* prêchent hautement leurs doctrines dangereuses, les jeunes têtes ne voient de la gloire et de l'honneur que dans les combats; tandis que le *Conservateur* et le *Drapeau blanc* voulant faire revivre le 17e siècle, rappellent inconsidérement à nos gentilshommes, ce que furent leurs ancêtres. Les uns et les autres pêchent également ; les premiers avec audace, et par calcul ; les autres avec entêtement et par ignorance en politique. Je me prosterne devant les talens littéraires de M. de Chateaubriant, j'admire la noblesse du caractère qu'il a naguère déployé ; mais désirant voir sa plume servir les Bourbons, plutôt que leur nuire, je crois devoir lui conseiller de se défier de la fécondité de son imagination ardente.

Nous sommes dans un siècle où il ne faut pas rejeter les conseils salutaires. Si on eût profité d'une occasion favorable qui se présentait il y a environ trente mois, le nombre des défenseurs *utiles* du Trône se serait accru, et les talens de M. de Châteaubriant eussent pu contribuer à arrêter le poignard qui vient d'atteindre la cinquième victime que la perversité révolutionnaire arrache des bras de cette auguste et trop infortunée famille.

A Dieu ne plaise que j'honore de mes conseils, les écrivains ennemis du repos public ; ces écrivains de *carrefour* sont trop méprisables pour qu'on s'abaisse à leur tendre une main secourable. Ce ne sont plus des enfans égarés qu'on puisse ramener dans la bonne voie ; ce sont de vils sicaires sans cesse occupés à encenser leur idole...

Une chose bien remarquable, c'est que les quatre journaux qui eurent l'audace de paraître le 21 janvier dernier, sont les seuls qui le 14 février, aient gardé le silence sur le fatal événement de la veille. Combien ce silence *marqué* aurait pu prêter à penser ! Que de conjectures aurait pu faire naître la médaille dont ils étaient décorés ce même jour ! Si on n'eût entendu, une heure après l'exécrable assassinat, un des principaux rédacteurs de ces feuilles prétendues libérales, dire hautement, dans un café, *voilà une bonne nouvelle pour les journaux royalistes* ! Se préparaient-ils d'avance à annoncer quelque plus grand événement ? ou bien s'occupaient-ils à sécher les larmes que leur faisait couler celui-là ? Ici doivent s'arrêter les conjectures.

Cependant, il est bon de faire observer que le *sensible Constitutionnel*, qui ne néglige rien pour faire remarquer son *caractère français*, après avoir fait, avec des couleurs platrées, le portrait du héros de ce *mélodrame révolutionnaire*, glisse tout doucement cette phrase qu'il a eu soin de souligner : *Voici la réponse unique qu'on lui prête*, dit le Constitutionnel en parlant de Clément-Louvel : *Le projet que je viens de mettre à exécution, je l'ai conçu SEUL,* (seul, entendez-vous bien ?) *depuis cinq ans ; je ne l'ai communiqué à personne ;* (à personne ! comme c'est adroit ?)

Si l'officieux défenseur du parti qui a excité ce misérable à commettre un crime affreux, se fût trouvé à la préfecture de police, au moment où les gardes l'observant en silence, le bruit d'une porte s'étant fait entendre au loin, il s'est écrié en faisant un geste de satisfaction : *Serait-ce déjà le canon ?* Assurément, il ne lui eût pas conseillé de répondre à la question qui lui a été faite à ce sujet : *C'est qu'on m'a promis que je serais bientôt délivré, quand j'entendrais le canon.* Il n'était donc pas *seul*, puisqu'une promesse lui a été faite.

La lettre anonyme que monseigneur le duc de Berry avait reçue la semaine dernière, et dans laquelle on l'engageait fortement à n'assister à aucun bal, ni à sortir seul, ne prouve-t-elle pas encore que l'infâme Louvel n'était pas *seul*. Parmi ces monstres, il s'en était trouvé un moins endurci dans le crime.

Pendant que la consternation régnait dans la capitale ; que l'horreur avait saisi toutes les classes de citoyens ; que le peuple auquel la bienfaisance du Prince est principalement connue, était dans une morne stupeur , on faisait sourdement circuler le bruit absurde que Buonaparte était débarqué; un grand nombre d'individus ivres ou feignant de l'être , parcouraient les rues, en proférant des cris séditieux. Que faisaient alors les quatre journaux voués à la défense des doctrines révolutionnaires et de la souveraineté du peuple ? Ils gardaient un profond silence sur l'événement qui met la France en deuil.

Il est donc bien prouvé que les conseils verbaux ont été joints aux inspirations écrites par la société *anti-française* du carrefour Bussy , de la rue Thibautodé et compagnie. Quel peut être le but de ces marchands de papiers broyés de noir, se disant les organes de l'opinion publique ? Sans doute le renversement de l'ordre. La cupidité fait naître de si coupables pensées , de si infâmes désirs !

Les conséquences de ces perfides insinuations, de ces déclamations mensongéres, de ces écrits incendiaires qui tiennent sans cesse le peuple dans un état d'agitation et le portent enfin à une dépravation dont l'histoire n'offre d'exemple que dans les pages qui nous rappellent la décadence de cet empire de l'antiquité qui gouverna le monde, font trembler et frémir le sage observateur à qui nulle circonstance n'échappe. Le commerce aboli, la confiance perdue, les ateliers déserts, les manufactures abandondonnées, une stagnation entière dans les affaires! voilà le résultat des écrits alarmans journellement lancés à la tête de ce peuple bon et crédule, qu'on se plaît à tromper. Ce n'est plus à la raison qu'on s'adresse, ce sont les passions qu'on allume, au lieu de chercher à les éteindre.

Examinons maintenant à quoi l'on doit attribuer l'origine d'un si grand désordre. A peine le peuple français sort-il des chaînes de fer qu'ont fait successivement peser sur lui la convention, la république, le directoire, le consulat et l'empire, que rendu à la liberté par le gouvernement paternel des Bourbons, on donne des inquiétudes mal fondées aux uns, et de chimériques espérances aux autres. Loin de chercher à rassurer les premiers, à comprimer l'orgueil éphémère des autres, on a cru sans doute arrêter le cours de ces dangereuses machinations en suivant continuellement un système de bascule qui ferait échouer le gouvernement le plus affermi. Nous ne devons pas nous le dissimuler, celui des Bourbons est encore chancelant; mais il est encore possible de l'asseoir. Les Bourbons conviennent à la France soit par le souvenir de leurs nobles travaux, soit par l'attachement qu'ils n'ont cessé de montrer à la généreuse population sur laquelle ils règnent depuis des siècles; j'ajouterai même qu'eux seuls peuvent sauver la France de l'abîme dans lequel elle est prête à s'engloutir, enfin qu'eux seuls sont dignes de commander une si grande nation.

La fermeté, base essentielle de tout gouvernement, doit désormais être le guide des hommes d'état qui ont l'honneur d'assister aux conseils du Roi. Prenons bien garde que la rigueur ne se mêle à l'inébranlable fermeté que les circonstances prouvent devoir être indispensable. L'une aigrit les esprits, tandis que l'autre annonce une ferme résolution.

Adopter un système, ne flatter aucun parti, donner des lois qui ne penchent pas plus vers la démocratie que vers l'aristocratie, favoriser le commerce, seule base de la prospérité

d'un grand état ; protéger le faible et l'op-
primé, quel qu'il soit ; punir sévèrement l'op-
presseur à quelque rang qu'il appartienne,
frapper également à *droite* et à *gauche* sur
celui qui chercherait à troubler l'ordre public, soit par des écrits dangereux, soit par
des propos ; tels sont, je crois, les moyens
qui doivent être promptement employés. Au-
cune considération de rang, d'état ni de for-
tune ne doit arrêter le cours de la justice. Et
malheur au magistrat qui ne remplirait pas
scrupuleusement ses devoirs de juge impar-
tial ! Pour faire repecter les lois, il faut savoir
les faire exécuter avec une juste sévérité.

Ce système de mesures énergiques qui pré-
viennent le retour des manœuvres scanda-
leuses dont les crimes les plus odieux sont
le résultat, m'amène à relever l'inconsé-
quence hasardée de M. Clausel de Coussergues, dans la séance du 14. « Il n'y a point
« encore de loi, dit l'honorable député, qui
« règle le mode d'accusation des ministres ;
« mais il est de la nature d'une telle proposi-
« tion d'être faite en séance publique, à la
« face de la nation. En conséquence, je pro-
« pose à la Chambre l'acte d'accusation contre

(15)

« M. Decazes, ministre de l'intérieur, comme
« complice de l'assassinat du duc de Berri. »

Voilà encore un de ces signes d'une passion
aveuglée que je désirerais voir disparaître.
Comment! on prend les plus sévères précau-
tions pour mettre en accusation un individu
quelconque prévenu d'un délit, et vous que
le pénible devoir d'homme d'état doit porter
à la plus grande prudence, vous allez accuser
à la face de la nation entière, d'un crime
abominable, un ministre qui est honoré de
toute la confiance de son souverain! trop
aveugle imprudence, où conduis-tu les enfans que tu égares?

Hommes passionnés, savez-vous à quoi
aboutissent ces démarches inconsidérées que
vous ne renouvelez que trop souvent? à
faire triompher vos adversaires. Vous voulez
faire respecter le pouvoir du Roi, dites-vous,
et vous ne tendez à rien moins qu'à décréditer
ses ministres! comment le peuple respec-
tera-t-il la monarchie, si vous, ses organes,
la sappez par ses fondemens, en déconsidé-
rant les ministres du Roi?

M. Decazes est attaché à la dynastie des
Bourbons, et les moyens qu'il a mis en œuvre

pour les retirer plusieurs fois de l'abîme dans lequel les entraînaient les *extrémes*, prouvent évidemment qu'il leur est entièrement dévoué. Son attachement ne serait-il que factice, ce qui n'est pas présumable, son existence n'est-elle pas, à cette heure, liée à celle des Bourbons ? Il ne peut donc êtreà la fois traître et assassin ? une semblable pensée ne peut entrer dans la tête d'un homme qui veut se donner la peine de réfléchir. Parce que M. Decazes ne s'est pas trouvé à l'opéra pour arrêter le bras du parricide, il s'ensuit, d'après M. de Coussergues, que M. Decazes, est l'assassin. Les mêmes conséquences posées, vous verrez que bientôt on accusera Sully, d'avoir été celui de Henri IV.

Imprudens ! Tournez les yeux vers les ennemis du trône ; et vous les verrez dans l'ombre rire de vos bévues. Sans doute il y en a encore un petit nombre, à la vérité, mais dont l'audace le décuple à vos yeux égarés ; les uns rêvent à un fantôme de république, d'autres à un empire à jamais éteint, comme quelques-uns d'entre vous se repaissent de folles et de vaines chimères.

Il s'agit de sauver le Roi, la monarchie et la

France. Pour cela déposons toute espèce de passion ; secondons les efforts des hommes courageux qui tous les jours montent à la brèche pour défendre une cause si belle, aujourd'hui devenue nationale. Imitons la clémence sans borne du Roi, embrassons enfin le parti de la modération, le seul qui convienne à une nation grande et généreuse, pour ne former qu'un faisceau inaccessible aux passions exagérées.

Le coup terrible qui vient d'être porté, doit nous faire sortir de cette apathie dans laquelle le malheur semble nous avoir tous plongés. Réveillez-vous, amis du trône et de la paix ; il s'agit du bonheur futur de vos enfans, puisqu'il s'agit de sapper les doctrines révolutionnaires dans leur fondement, et de confondre l'orgueil.

Je ne terminerai point ces réflexions sans donner une relation de l'assassinat du duc de Berri, qui leur a donné naissance.

Par extraordinaire on donnait le 13 de ce mois à l'Opéra, un spectacle assez long : on jouait le *Rossignol*, les *Noces de Gamache*, et le *Carnaval de Venise*. Le prince y assistait avec son auguste épouse. Quelques minutes avant la fin du dernier ballet, madame la duchesse de Berri désira se retirer. Le duc l'accompagna jusqu'à sa voiture, lui donna la main pour y monter, et lui fit ses adieux en lui disant : *Adieu Caroline, nous nous reverrons bientôt.* Un valet de chambre ferma la portière. Le prince était retourné pour remonter l'escalier qui conduit à sa loge, lorsque l'infâme Louvel, qui avait dépassé le factionnaire de la garde royale préposé à la surveillance de la porte, s'élance sur lui, le saisit fortement par l'épaule gauche, et élevant le bras au-dessus de l'épaule droite, lui enfonce au-dessous du sein droit, entre la septième et la huitième côte, un instrument aigu à deux tranchans, de la longueur de sept à huit pouces, attaché à une poignée de bois grossièrement travaillée. Le coup fut asséné avec assez de violence pour pénétrer dans le corps du prince de toute la longueur de l'instrument.

Cet assassin, sellier de profession, était employé à la sellerie du Roi, et logeait dans les grandes écuries.

Au moment où le prince se sentit frappé, il porta la main à sa blessure ; et s'écria : *Je suis mort!* Il eut le courage de retirer lui-même de la plaie le fer meurtrier.

Au cri du prince, la duchesse s'était élancée hors de la voiture, et elle soutenait dans ses faibles bras son époux chancelant dont le sang coulait en abondance et rejaillissait jusque sur elle. Le prince fut porté à l'instant dans la salle de l'administration de l'Opéra, où l'on dressa à la hâte une espèce de lit de camp, formé de banquettes et de matelas appartenans à l'établissement.

On courut chercher du secours. Quelques hommes de l'art qui habitent dans le voisinage furent bientôt auprès du prince : leurs noms doivent être recommandés à la reconnaissance publique; ce sont les docteurs Bougon, Blancheton, Thérin, Lacroix, Cazeneuve et Drogart; les docteurs Dupuytren, Dubois et Roux arrivèrent ensuite.

Après avoir consommé son crime, l'infame assassin avait pris la fuite. Il avait déjà poursuivi la rue Rameau, la rue Richelieu, et s'était réfugié sous l'arcade Colbert, où il fut apperçu par un garçon limonadier du café Hardy, qui s'est emparé du meurtrier. MM. de Choiseul et de Clermont qui s'étaient mis à sa poursuite le traînèrent au corps-de-garde établi sous le vestibule de l'opéra, secondés du garçon limonadier.

Ce vil instrument d'un parti, interrogé par M. de Clermont sur le motif qui avait pu le porter à commettre un pareil attentat, a eu l'audace de répondre : *J'ai voulu délivrer la France de ses plus cruels ennemis.* On a trouvé sur lui la gaîne du poignard dont il s'était servi, et un autre poignard à quatre pans également tranchans et très-aigu.

Monsieur était accouru auprès de son malheureux fils ; quelques minutes après arrivèrent MADAME et monseigneur le duc d'Angoulême ; monseigneur le duc et madame la duchesse d'Orléans, monseigneur le duc de Bourbon entourèrent bientôt le prince.

Les premières paroles de monseigneur le duc de Berri furent : *ma fille* et *M. l'évêque d'Amyclée !*

Ses intentions furent de suite exécutées ; on apporta M ADEMOISELLE sur le lit de douleur ; le duc l'embrassant avec tendresse, lui dit : *Cher enfant, puisses-tu être plus heureuse que ton père.*

Vers cinq heures , le Roi est arrivé ; les premières paroles que le prince lui a adressées, sont celles-ci : *Sire, permettez que la dernière grâce que je vous demande , soit celle de mon assassin.* Le roi pleurait. *Il n'est pas temps , dit Sa Majesté , de parler de cela : ne songeons qu'à vous.*

Après avoir répondu au Roi : *Je ne m'abuse point sur ma situation ,* le prince a demandé M. de Latil , premier aumônier de MONSIEUR.

Vers cinq heures et demie, après avoir reçu les derniers sacremens , le sang s'épanchant rapidement dans la poitrine du duc , et la mort étant imminente , malgré les instances réitérées des hommes de l'art de passer dans la chambre voisine , Sa Majesté n'a jamais voulu quitter le chevet du lit de son *fils adoptif.*

Un instant avant de mourir , le prince s'est écrié douloureusement : *Qu'il est cruel de mourir de la main d'un Français !* C'est en pressant encore la main du monarque , et prononçant ces mots remarquables : *O ma patrie ! malheureuse France ,* que le prince a expiré. *J'ai un dernier soin à rendre à mon fils*, a dit Sa Majesté. Ce soin était de lui fermer la paupière.

Le 14, à sept heures et demie du matin, le corps du prince a été conduit au Louvre, comme autrefois celui de Henri IV, après l'attentat de la rue de la Ferronnerie. Il a été déposé dans une des pièces de l'appartement de M. le gouverneur du Louvre.

Le 15, à cinq heures du matin, la dépouille mortelle du prince a été transportée, par l'escalier qui conduit à l'ancien appartement de Henri IV, dans une des salles du Louvre, drapée de noir, donnant sur la Seine. Le corps du prince y a été déposé sur un lit, la tête découverte. A neuf heures le public a pu voir les traits de la victime ; il a fait éclater ses regrets. A trois heures les grilles ont été fermées.

On dispose dans la même galerie, donnant sur la cour du Louvre, plusieurs salles pour former une chapelle ardente, où le prince sera exposé, le visage découvert, pendant neuf jours.

Sur la réquisition de M. le procureur du roi et de M. le juge d'instruction, l'ouverture du corps de feu S. A. R. monseigneur le duc de Berri a été faite par MM. les docteurs Dupuytren , Bougon et Baron , en présence de MM. le comte de Nantouillet , le comte de Dreux-Brezé , le marquis d'Autichamp , de MM. Portal , premier médecin du Roi , Hallé, premier médecin dé Monsieur , et de tous les médecins et chirugiens attachés à la maison du Roi et des Princes , et de tous ceux qui ont donné des soins à S. A. R.

Les parois de la poitrine , le poumon droit, le péricarde , l'oreillette du cœur et le centre nerveux du diaphragme étaient traversés ; plusieurs livres de sang étaient épanchées dans la poitrine, plusieurs onces étaient épanchées dans le péricarde. Les hommes de l'art ont constaté que le poignard avait été plongé tout entier dans le corps de l'infortuné prince, et ils ont paru surpris qu'il ait survécu six heures à une aussi affreuse blessure.

L'assassin a subi plusieurs interrogatoires où il a montré l'arrogance la plus révoltante. Il a été conduit à la conciergerie où il est gardé à vue par deux gendarmes et un officier de paix. On lui a mis la *camisole*, pour lui ôter tous moyens d'attenter à ses jours.